일빵빵 왕초보 중국어
워크북
2

일빵빵 +
왕초보 중국어 워크북 2

2016년 6월 1일 초판 제1쇄 발행

저 자 | 일빵빵어학연구소
펴 낸 곳 | 토마토출판사
표 지 | 엄인경
본 문 | 윤연경
주 소 | 서울 강남구 신사동 554-3 2F
T E L | 02) 1544-5383
홈페이지 | www.tomato2u.co.kr
등 록 | 2012. 1. 1.

일빵빵 왕초보 中國語

2

워크북

토마토
출판사

강의 듣는 법

인터넷 검색창에서 **일빵빵**을 검색한 후,
"**일빵빵닷컴**(www.일빵빵.com)" 사이트를 클릭한다.

스마트폰의 앱스토어 또는 플레이스토어에서
"**일빵빵**"을 검색한 후,
"Let's **일빵빵**" 앱을 설치한다.

컴퓨터나 스마트폰의 iTunes 앱에서 "**일빵빵**"을 검색한다.

▶ **일빵빵** 공식 페이스북 https://www.facebook.com/ilbangbang

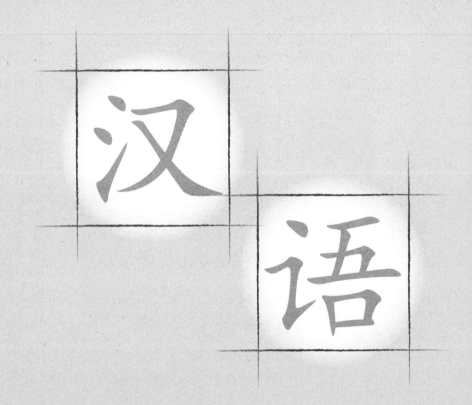

중국어 부정문
연습하기

중국어의 부정문

중국어의 일반 동사 문장에서 부정의 의미를 나타낼 때에는 동사 앞에 '不(bù)'를 씁니다.

예문   我不是学生。 Wǒ bú shì xuésheng. (나는 학생이 아니다.)

'不'의 성조는 기본적으로 4성이지만, 뒤에 오는 단어가 4성일 때에는 2성으로 발음합니다. 성조에 주의하면서 발음을 연습합시다.

1성, 2성, 3성 앞에서는 4성으로	1성 – 不听 bù tīng (듣지 않는다)
	2성 – 不来 bù lái (오지 않는다)
	3성 – 不写 bù xiě (쓰지 않는다)

| 4성 앞에서는 2성으로 | 4성 – 不是 bú shì (~가 아니다) |

문장패턴

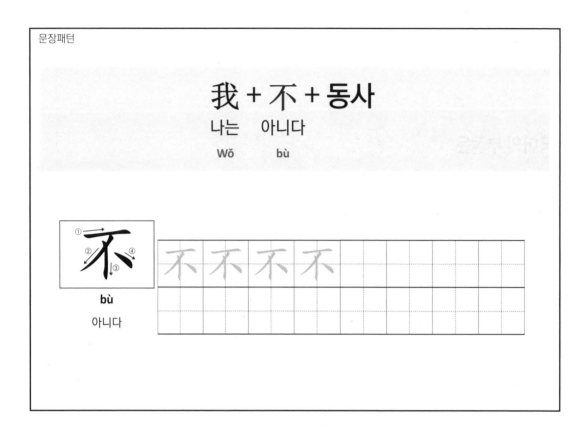

我 + 不 + 동사

나는　　아니다

Wǒ　　bù

不

bù

아니다

说

shuō

말하다

买

mǎi

사다

나는 듣는다

我听

[Wǒ tīng　　　　　　　　　　　　　　　　　　　　　　　　　　]

我听

[　　　　　　　　　　　　　　　　　　　　　　　　　　　　　　]

나는 듣지 않는다

我不听

[Wǒ bù tīng　　　　　　　　　　　　　　　　　　　　　　　　]

我不听

[　　　　　　　　　　　　　　　　　　　　　　　　　　　　　　]

나는 말한다

我说

[Wǒ shuō　　　　　　　　　　　　　　　　　　　　　　　　　]

我说

[　　　　　　　　　　　　　　　　　　　　　　　　　　　　　　]

나는 말하지 않는다

我不说

[Wǒ bù shuō　　　　　　　　　　　　　　　　　　　　　　　]

我不说

[　　　　　　　　　　　　　　　　　　　　　　　　　　　　　　]

나는 온다

我来

[Wǒ lái　　　　　　　　　　　　　　　　　　　　　　　　　　]

我来

[　　　　　　　　　　　　　　　　　　　　　　　　　　　　　　]

▌나는 오지 않는다

我不来

[**Wǒ bù lái**]

我不来

[ ]

▌나는 좋아한다

我喜欢

[**Wǒ xǐhuan**]

我喜欢

[ ]

▌나는 좋아하지 않는다

我不喜欢

[**Wǒ bù xǐhuan**]

我不喜欢

[ ]

▌나는 산다

我买

[**Wǒ mǎi**]

我买

[ ]

▌나는 사지 않는다

我不买

[**Wǒ bù mǎi**]

我不买

[ ]

나는 ~이다

我是

[Wǒ shì   ]

我是

[   ]

나는 ~이 아니다

我不是

[Wǒ bú shì   ]

我不是

[   ]

나는 간다

我去

[Wǒ qù   ]

我去

[   ]

나는 가지 않는다

我不去

[Wǒ bú qù   ]

我不去

[   ]

나는 ~에 있다

我在

[Wǒ zài   ]

我在

[   ]

| 나는 ~에 있지 않다

我不在

[Wǒ bú zài]

我不在

[ ]

| 나는 본다

我看

[Wǒ kàn]

我看

[ ]

| 나는 보지 않는다

我不看

[Wǒ bú kàn]

我不看

[ ]

| 나는 사랑한다

我爱

[Wǒ ài]

我爱

[ ]

| 나는 사랑하지 않는다

我不爱

[Wǒ bú ài]

我不爱

[ ]

문장패턴

我 + 不 + 是 + 学生
나는　아니다　~이다　학생
Wǒ　　bú　　shì　　xuésheng

shì

~이다

是	是	是	是			

学生 xuésheng	학생	老师 lǎoshī	선생님
医生 yīshēng	의사	画家 huàjiā	화가
护士 hùshi	간호사	雨伞 yǔsǎn	우산
桌子 zhuōzi	탁자	本子 běnzi	공책
词典 cídiǎn	사전	画儿 huàr	그림

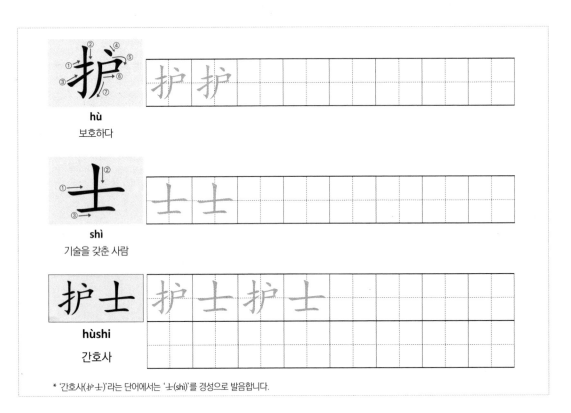

hù
보호하다

shì
기술을 갖춘 사람

hùshi
간호사

* '간호사(护士)'라는 단어에서는 '士(shì)'를 경성으로 발음합니다.

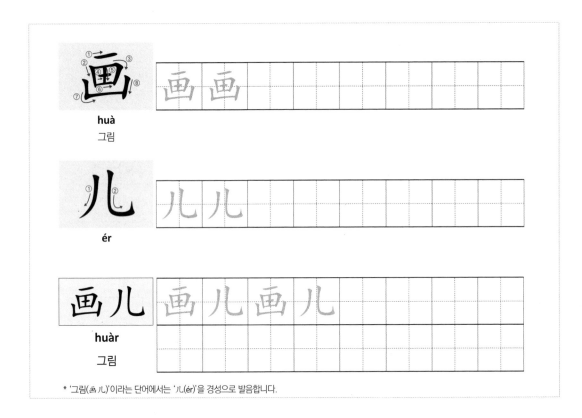

huà
그림

ér

huàr
그림

* '그림(画儿)'이라는 단어에서는 '儿(ér)'을 경성으로 발음합니다.

▌나는 학생이다.

我是学生。

[Wǒ shì xuésheng.]

我是学生。

[ ]

▌나는 학생이 아니다.

我不是学生。

[Wǒ bú shì xuésheng.]

我不是学生。

[ ]

▌나는 선생님이다.

我是老师。

[Wǒ shì lǎoshī.]

我是老师。

[ ]

▌나는 선생님이 아니다.

我不是老师。

[Wǒ bú shì lǎoshī.]

我不是老师。

[ ]

▌나는 의사이다.

我是医生。

[Wǒ shì yīshēng.]

我是医生。

[ ]

나는 의사가 아니다.

我不是医生。

[**Wǒ bú shì yīshēng.**]

我不是医生。

[ ]

나는 화가이다.

我是画家。

[**Wǒ shì huàjiā.**]

我是画家。

[ ]

나는 화가가 아니다.

我不是画家。

[**Wǒ bú shì huàjiā.**]

我不是画家。

[ ]

나는 간호사이다.

我是护士。

[**Wǒ shì hùshi.**]

我是护士。

[ ]

나는 간호사가 아니다.

我不是护士。

[**Wǒ bú shì hùshi.**]

我不是护士。

[ ]

이것은 우산이다.

这是雨伞。

[Zhè shì yǔsǎn.]

这是雨伞。

[ ]

이것은 우산이 아니다.

这不是雨伞。

[Zhè bú shì yǔsǎn.]

这不是雨伞。

[ ]

이것은 탁자이다.

这是桌子。

[Zhè shì zhuōzi.]

这是桌子。

[ ]

이것은 탁자가 아니다.

这不是桌子。

[Zhè bú shì zhuōzi.]

这不是桌子。

[ ]

이것은 공책이다.

这是本子。

[Zhè shì běnzi.]

这是本子。

[ ]

이것은 공책이 아니다.

这不是本子。

[Zhè bú shì běnzi.   ]

这不是本子。

[   ]

그것은 사전이다.

那是词典。

[Nà shì cídiǎn.   ]

那是词典。

[   ]

그것은 사전이 아니다.

那不是词典。

[Nà bú shì cídiǎn.   ]

那不是词典。

[   ]

그것은 그림이다.

那是画儿。

[Nà shì huàr.   ]

那是画儿。

[   ]

그것은 그림이 아니다.

那不是画儿。

[Nà bú shì huàr.   ]

那不是画儿。

[   ]

문장패턴

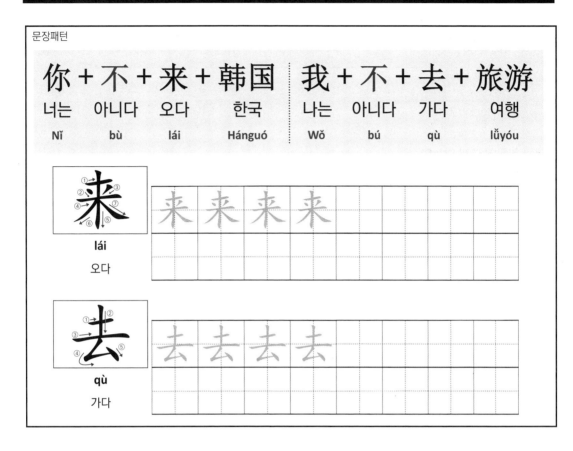

你	+	不	+	来	+	韩国	我	+	不	+	去	+	旅游
너는		아니다		오다		한국	나는		아니다		가다		여행
Nǐ		bù		lái		Hánguó	Wǒ		bú		qù		lǚyóu

来
lái
오다

来	来	来	来				

去
qù
가다

去	去	去	去				

韩国	Hánguó	한국	中国	Zhōngguó	중국
美国	Měiguó	미국	首尔	Shǒu'ěr	서울
北京	Běijīng	베이징	旅游	lǚyóu	여행
学校	xuéxiào	학교	图书馆	túshūguǎn	도서관
市场	shìchǎng	시장	超市	chāoshì	슈퍼마켓

너는 한국에 온다.

你来韩国。

[Nǐ lái Hánguó.]

你来韩国。

[ ]

너는 한국에 오지 않는다.

你不来韩国。

[Nǐ bù lái Hánguó.]

你不来韩国。

[ ]

너는 중국에 온다.

你来中国。

[Nǐ lái Zhōngguó.]

你来中国。

[ ]

너는 중국에 오지 않는다.

你不来中国。

[Nǐ bù lái Zhōngguó.]

你不来中国。

[ ]

너는 미국에 온다.

你来美国。

[Nǐ lái Měiguó.]

你来美国。

[ ]

■ 너는 미국에 오지 않는다.

你不来美国。

[Nǐ bù lái Měiguó.]

你不来美国。

[ ]

■ 너는 서울에 온다.

你来首尔。

[Nǐ lái Shǒu'ěr.]

你来首尔。

[ ]

■ 너는 서울에 오지 않는다.

你不来首尔。

[Nǐ bù lái Shǒu'ěr.]

你不来首尔。

[ ]

■ 너는 베이징에 온다.

你来北京。

[Nǐ lái Běijīng.]

你来北京。

[ ]

■ 너는 베이징에 오지 않는다.

你不来北京。

[Nǐ bù lái Běijīng.]

你不来北京。

[ ]

▌나는 여행 간다.

我去旅游。

[**Wǒ qù lǚyóu.**]

我去旅游。

[ ]

▌나는 여행 가지 않는다.

我不去旅游。

[**Wǒ bú qù lǚyóu.**]

我不去旅游。

[ ]

▌나는 학교에 간다.

我去学校。

[**Wǒ qù xuéxiào.**]

我去学校。

[ ]

▌나는 학교에 가지 않는다.

我不去学校。

[**Wǒ bú qù xuéxiào.**]

我不去学校。

[ ]

▌나는 도서관에 간다.

我去图书馆。

[**Wǒ qù túshūguǎn.**]

我去图书馆。

[ ]

22

나는 도서관에 가지 않는다.

我不去图书馆。

[Wǒ bú qù túshūguǎn.]

我不去图书馆。

[   ]

나는 시장에 간다.

我去市场。

[Wǒ qù shìchǎng.]

我去市场。

[   ]

나는 시장에 가지 않는다.

我不去市场。

[Wǒ bú qù shìchǎng.]

我不去市场。

[   ]

나는 슈퍼마켓에 간다.

我去超市。

[Wǒ qù chāoshì.]

我去超市。

[   ]

나는 슈퍼마켓에 가지 않는다.

我不去超市。

[Wǒ bú qù chāoshì.]

我不去超市。

[   ]

문장패턴

我 + 不 + 在 + 家
나는   아니다 ~에 있다   집
Wǒ   bú   zài   jiā

zài

~에 있다

家 jiā	집		外边 wàibian	밖
宿舍 sùshè	기숙사		办公室 bàngōngshì	사무실
公司 gōngsī	회사		地铁站 dìtiězhàn	지하철역
公园 gōngyuán	공원		动物园 dòngwùyuán	동물원
咖啡厅 kāfēitīng	카페		餐厅 cāntīng	음식점

▌나는 집에 있다.

我在家。

[Wǒ zài jiā.]

我在家。

[ ]

▌나는 집에 있지 않다.

我不在家。

[Wǒ bú zài jiā.]

我不在家。

[ ]

▌나는 밖에 있다.

我在外边。

[Wǒ zài wàibian.]

我在外边。

[ ]

▌나는 밖에 있지 않다.

我不在外边。

[Wǒ bú zài wàibian.]

我不在外边。

[ ]

▌나는 기숙사에 있다.

我在宿舍。

[Wǒ zài sùshè.]

我在宿舍。

[ ]

25

▌나는 기숙사에 있지 않다.

我不在宿舍。

[**Wǒ bú zài sùshè.**]

我不在宿舍。

[ ]

▌나는 사무실에 있다.

我在办公室。

[**Wǒ zài bàngōngshì.**]

我在办公室。

[ ]

▌나는 사무실에 있지 않다.

我不在办公室。

[**Wǒ bú zài bàngōngshì.**]

我不在办公室。

[ ]

▌나는 회사에 있다.

我在公司。

[**Wǒ zài gōngsī.**]

我在公司。

[ ]

▌나는 회사에 있지 않다.

我不在公司。

[**Wǒ bú zài gōngsī.**]

我不在公司。

[ ]

▎나는 지하철역에 있다.

我在地铁站。

[Wǒ zài dìtiězhàn.]

我在地铁站。

[ ]

▎나는 지하철역에 있지 않다.

我不在地铁站。

[Wǒ bú zài dìtiězhàn.]

我不在地铁站。

[ ]

▎나는 공원에 있다.

我在公园。

[Wǒ zài gōngyuán.]

我在公园。

[ ]

▎나는 공원에 있지 않다.

我不在公园。

[Wǒ bú zài gōngyuán.]

我不在公园。

[ ]

▎나는 동물원에 있다.

我在动物园。

[Wǒ zài dòngwùyuán.]

我在动物园。

[ ]

나는 동물원에 있지 않다.

我不在动物园。

[Wǒ bú zài dòngwùyuán.]

我不在动物园。

[ ]

나는 카페에 있다.

我在咖啡厅。

[Wǒ zài kāfēitīng.]

我在咖啡厅。

[ ]

나는 카페에 있지 않다.

我不在咖啡厅。

[Wǒ bú zài kāfēitīng.]

我不在咖啡厅。

[ ]

나는 음식점에 있다.

我在餐厅。

[Wǒ zài cāntīng.]

我在餐厅。

[ ]

나는 음식점에 있지 않다.

我不在餐厅。

[Wǒ bú zài cāntīng.]

我不在餐厅。

[ ]

문장패턴

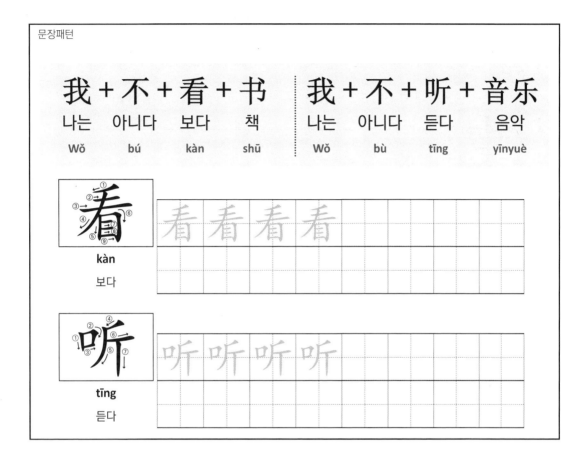

我 + 不 + 看 + 书
나는 아니다 보다 책
Wǒ bú kàn shū

我 + 不 + 听 + 音乐
나는 아니다 듣다 음악
Wǒ bù tīng yīnyuè

看 看 看 看

kàn
보다

听 听 听 听

tīng
듣다

书 shū	책	报纸 bàozhǐ	신문
电影 diànyǐng	영화	电视 diànshì	텔레비전
电视剧 diànshìjù	드라마	杂志 zázhì	잡지
音乐 yīnyuè	음악	外国音乐 wàiguó yīnyuè	외국음악
课 kè	수업	数学课 shùxué kè	수학 수업

电
diàn
전기

视
shì
보다

剧
jù
연극

电视剧
diànshìjù
드라마

外
wài
밖

国
guó
나라

音
yīn
소리

乐
yuè
음악

外国音乐
wàiguó yīnyuè
외국 음악

数
shù
세다

学
xué
학문

课
kè
수업

数学课
shùxué kè
수학 수업

나는 책을 본다.

我看书。

[Wǒ kàn shū.]

我看书。

[ ]

나는 책을 보지 않는다.

我不看书。

[Wǒ bú kàn shū.]

我不看书。

[ ]

나는 신문을 본다.

我看报纸。

[Wǒ kàn bàozhǐ.]

我看报纸。

[ ]

나는 신문을 보지 않는다.

我不看报纸。

[Wǒ bú kàn bàozhǐ.]

我不看报纸。

[ ]

나는 영화를 본다.

我看电影。

[Wǒ kàn diànyǐng.]

我看电影。

[ ]

나는 영화를 보지 않는다.

我不看电影。

[Wǒ bú kàn diànyǐng.]

我不看电影。

[ ]

나는 텔레비전을 본다.

我看电视。

[Wǒ kàn diànshì.]

我看电视。

[ ]

나는 텔레비전을 보지 않는다.

我不看电视。

[Wǒ bú kàn diànshì.]

我不看电视。

[ ]

나는 드라마를 본다.

我看电视剧。

[Wǒ kàn diànshìjù.]

我看电视剧。

[ ]

나는 드라마를 보지 않는다.

我不看电视剧。

[Wǒ bú kàn diànshìjù.]

我不看电视剧。

[ ]

▌나는 잡지를 본다.

我看杂志。

[**Wǒ kàn zázhì.**]

我看杂志。

[ ]

▌나는 잡지를 보지 않는다.

我不看杂志。

[**Wǒ bú kàn zázhì.**]

我不看杂志。

[ ]

▌나는 음악을 듣는다.

我听音乐。

[**Wǒ tīng yīnyuè.**]

我听音乐。

[ ]

▌나는 음악을 듣지 않는다.

我不听音乐。

[**Wǒ bù tīng yīnyuè.**]

我不听音乐。

[ ]

▌나는 외국 음악을 듣는다.

我听外国音乐。

[**Wǒ tīng wàiguó yīnyuè.**]

我听外国音乐。

[ ]

나는 외국 음악을 듣지 않는다.

我不听外国音乐。

[Wǒ bù tīng wàiguó yīnyuè.]

我不听外国音乐。

[ ]

나는 수업을 듣는다.

我听课。

[Wǒ tīng kè.]

我听课。

[ ]

나는 수업을 듣지 않는다.

我不听课。

[Wǒ bù tīng kè.]

我不听课。

[ ]

나는 수학 수업을 듣는다.

我听数学课。

[Wǒ tīng shùxué kè.]

我听数学课。

[ ]

나는 수학 수업을 듣지 않는다.

我不听数学课。

[Wǒ bù tīng shùxué kè.]

我不听数学课。

[ ]

문장패턴

我 + 没有 + 朋友
나는   없다   친구
Wǒ   méiyǒu   péngyou

没 méi
없다, 가지고 있지 않다

没 没 没 没

有 yǒu
있다

有 有 有 有

朋友 péngyou	친구	男朋友 nánpéngyou	남자 친구
女朋友 nǚpéngyou	여자 친구	钱 qián	돈
家人 jiārén	가족	儿子 érzi	아들
女儿 nǚ'ér	딸	时间 shíjiān	시간
行李 xíngli	짐	护照 hùzhào	여권

나는 친구가 있다.

我有朋友。

[Wǒ yǒu péngyou.]

我有朋友。

[   ]

나는 친구가 없다.

我没有朋友。

[Wǒ méiyǒu péngyou.]

我没有朋友。

[   ]

나는 남자 친구가 있다.

我有男朋友。

[Wǒ yǒu nánpéngyou.]

我有男朋友。

[   ]

나는 남자 친구가 없다.

我没有男朋友。

[Wǒ méiyǒu nánpéngyou.]

我没有男朋友。

[   ]

나는 여자 친구가 있다.

我有女朋友。

[Wǒ yǒu nǚpéngyou.]

我有女朋友。

[   ]

나는 여자 친구가 없다.

我没有女朋友。

[Wǒ méiyǒu nǚpéngyou.]

我没有女朋友。

[ ]

나는 돈이 있다.

我有钱。

[Wǒ yǒu qián.]

我有钱。

[ ]

나는 돈이 없다.

我没有钱。

[Wǒ méiyǒu qián.]

我没有钱。

[ ]

나는 가족이 있다.

我有家人。

[Wǒ yǒu jiārén.]

我有家人。

[ ]

나는 가족이 없다.

我没有家人。

[Wǒ méiyǒu jiārén.]

我没有家人。

[ ]

▌나는 아들이 있다.

我有儿子。

[Wǒ yǒu érzi.]

我有儿子。

[ ]

▌나는 아들이 없다.

我没有儿子。

[Wǒ méiyǒu érzi.]

我没有儿子。

[ ]

▌나는 딸이 있다.

我有女儿。

[Wǒ yǒu nǚ'ér.]

我有女儿。

[ ]

▌나는 딸이 없다.

我没有女儿。

[Wǒ méiyǒu nǚ'ér.]

我没有女儿。

[ ]

▌나는 시간이 있다.

我有时间。

[Wǒ yǒu shíjiān.]

我有时间。

[ ]

나는 시간이 없다.

我没有时间。

[**Wǒ méiyǒu shíjiān.**]

我没有时间。

[ ]

나는 짐이 있다.

我有行李。

[**Wǒ yǒu xíngli.**]

我有行李。

[ ]

나는 짐이 없다.

我没有行李。

[**Wǒ méiyǒu xíngli.**]

我没有行李。

[ ]

나는 여권이 있다.

我有护照。

[**Wǒ yǒu hùzhào.**]

我有护照。

[ ]

나는 여권이 없다.

我没有护照。

[**Wǒ méiyǒu hùzhào.**]

我没有护照。

[ ]

문장패턴

我	+	不	+	吃	+	早饭		我	+	不	+	喝	+	牛奶
나는		아니다		먹다		아침밥		나는		아니다		마시다		우유
Wǒ		bù		chī		zǎofàn		Wǒ		bù		hē		niúnǎi

吃
chī
먹다

吃 吃 吃 吃

喝
hē
마시다

喝 喝 喝 喝

早
zǎo
아침

早 早

饭
fàn
식사

饭 饭

早饭
zǎofàn
아침밥

早饭 早饭

qiǎo

kè

lì

qiǎokèlì
초콜릿

* '巧克力(qiǎokèlì)'는 외국어 'chocolate'의 발음을 따서 만들어진 단어입니다.

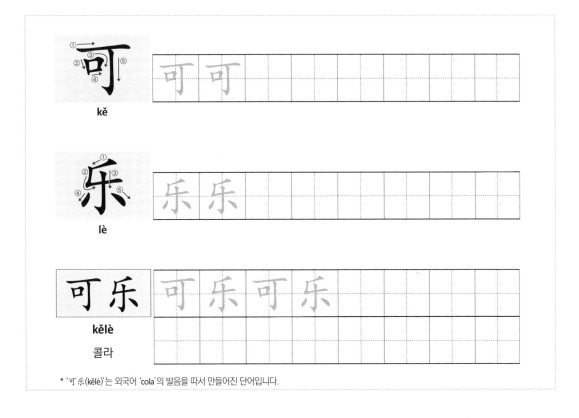

kě

lè

kělè
콜라

* '可乐(kělè)'는 외국어 'cola'의 발음을 따서 만들어진 단어입니다.

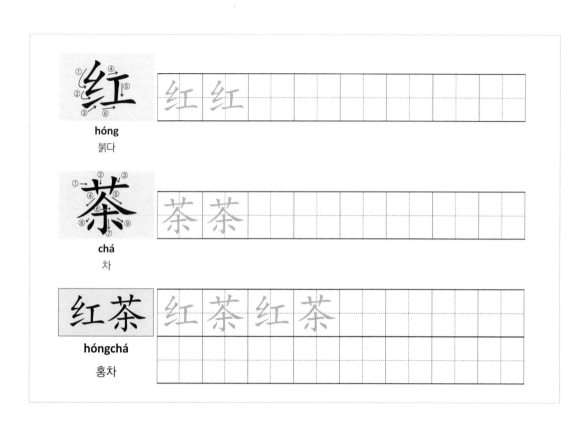

红 hóng 붉다

茶 chá 차

红茶 hóngchá 홍차

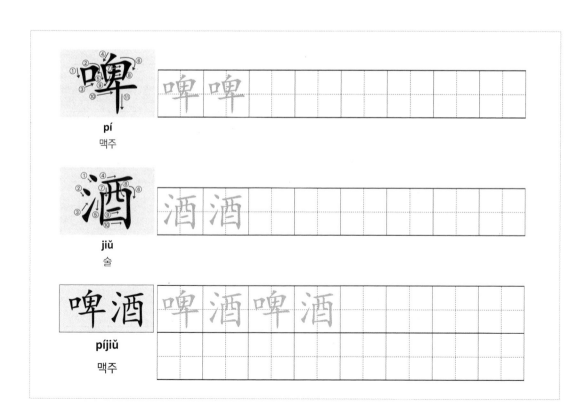

啤 pí 맥주

酒 jiǔ 술

啤酒 píjiǔ 맥주

■ 나는 아침밥을 먹는다.

我吃早饭。

[**Wǒ chī zǎofàn.**]

我吃早饭。

[ ]

■ 나는 아침밥을 먹지 않는다.

我不吃早饭。

[**Wǒ bù chī zǎofàn.**]

我不吃早饭。

[ ]

■ 나는 과일을 먹는다.

我吃水果。

[**Wǒ chī shuǐguǒ.**]

我吃水果。

[ ]

■ 나는 과일을 먹지 않는다.

我不吃水果。

[**Wǒ bù chī shuǐguǒ.**]

我不吃水果。

[ ]

■ 나는 빵을 먹는다.

我吃面包。

[**Wǒ chī miànbāo.**]

我吃面包。

[ ]

▌나는 빵을 먹지 않는다.

我不吃面包。

[Wǒ bù chī miànbāo.]

我不吃面包。

[ ]

▌나는 초콜릿을 먹는다.

我吃巧克力。

[Wǒ chī qiǎokèlì.]

我吃巧克力。

[ ]

▌나는 초콜릿을 먹지 않는다.

我不吃巧克力。

[Wǒ bù chī qiǎokèlì.]

我不吃巧克力。

[ ]

▌나는 월병을 먹는다.

我吃月饼。

[Wǒ chī yuèbing.]

我吃月饼。

[ ]

▌나는 월병을 먹지 않는다.

我不吃月饼。

[Wǒ bù chī yuèbing.]

我不吃月饼。

[ ]

■ 나는 우유를 마신다.

我喝牛奶。

[Wǒ hē niúnǎi.]

我喝牛奶。

[ ]

■ 나는 우유를 마시지 않는다.

我不喝牛奶。

[Wǒ bù hē niúnǎi.]

我不喝牛奶。

[ ]

■ 나는 커피를 마신다.

我喝咖啡。

[Wǒ hē kāfēi.]

我喝咖啡。

[ ]

■ 나는 커피를 마시지 않는다.

我不喝咖啡。

[Wǒ bù hē kāfēi.]

我不喝咖啡。

[ ]

■ 나는 콜라를 마신다.

我喝可乐。

[Wǒ hē kělè.]

我喝可乐。

[ ]

나는 콜라를 마시지 않는다.

我不喝可乐。

[Wǒ bù hē kělè.]

我不喝可乐。

[ ]

나는 홍차를 마신다.

我喝红茶。

[Wǒ hē hóngchá.]

我喝红茶。

[ ]

나는 홍차를 마시지 않는다.

我不喝红茶。

[Wǒ bù hē hóngchá.]

我不喝红茶。

[ ]

나는 맥주를 마신다.

我喝啤酒。

[Wǒ hē píjiǔ.]

我喝啤酒。

[ ]

나는 맥주를 마시지 않는다.

我不喝啤酒。

[Wǒ bù hē píjiǔ.]

我不喝啤酒。

[ ]

문장패턴

我 + 不 + 喜欢 + 动物 | 我 + 不 + 穿 + 裤子
나는 아니다 좋아하다   동물   나는 아니다 입다   바지
Wǒ   bù   xǐhuan   dòngwù   Wǒ   bù   chuān kùzi

喜欢
xǐhuan
좋아하다

穿
chuān
입다, 신다

动
dòng
움직이다

物
wù
사물

动物
dòngwù
동물

māo

고양이

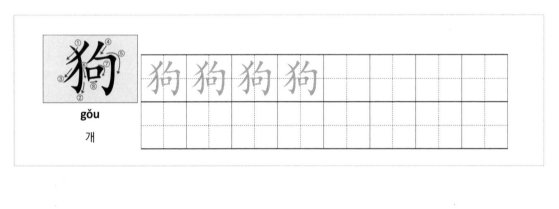

gǒu

개

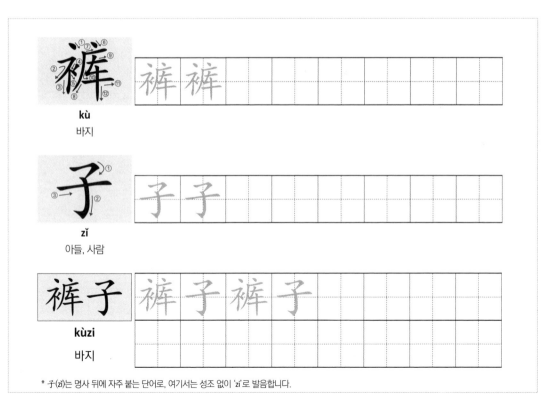

kù

바지

zǐ

아들, 사람

kùzi

바지

* 子(zǐ)는 명사 뒤에 자주 붙는 단어로, 여기서는 성조 없이 'zi'로 발음합니다.

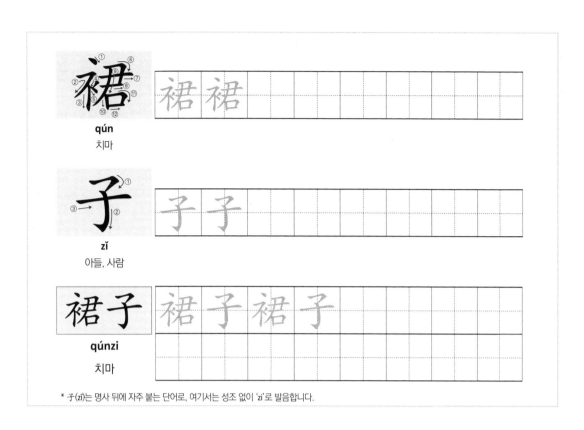

qún

치마

zǐ

아들, 사람

qúnzi

치마

* 子(zǐ)는 명사 뒤에 자주 붙는 단어로, 여기서는 성조 없이 'zi'로 발음합니다.

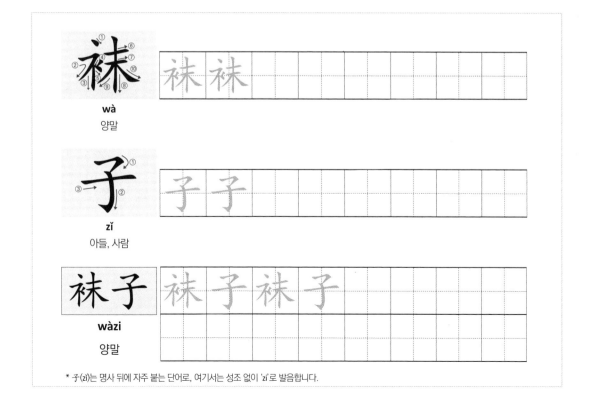

wà

양말

zǐ

아들, 사람

wàzi

양말

* 子(zǐ)는 명사 뒤에 자주 붙는 단어로, 여기서는 성조 없이 'zi'로 발음합니다.

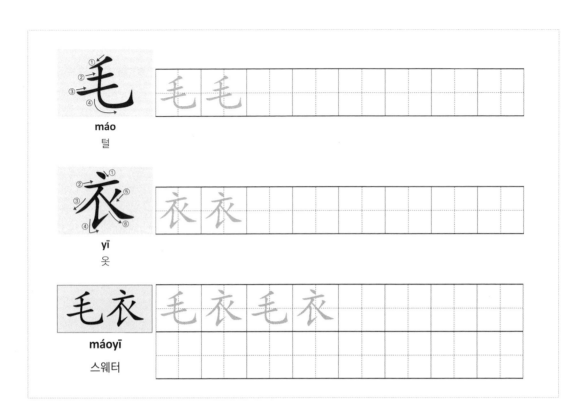

毛 máo 털

衣 yī 옷

毛衣 máoyī 스웨터

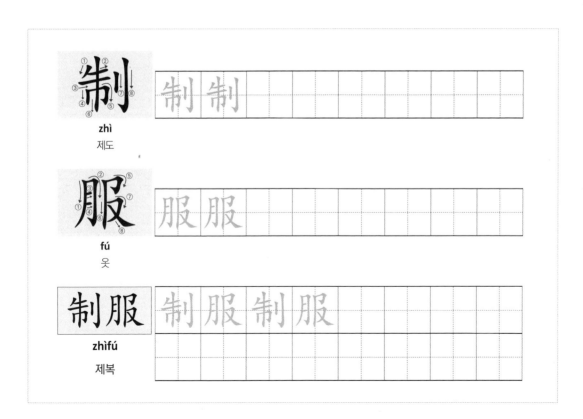

制 zhì 제도

服 fú 옷

制服 zhìfú 제복

▌나는 동물을 좋아한다.

我喜欢动物。

[**Wǒ xǐhuan dòngwù.**]

我喜欢动物。

[ ]

▌나는 동물을 좋아하지 않는다.

我不喜欢动物。

[**Wǒ bù xǐhuan dòngwù.**]

我不喜欢动物。

[ ]

▌나는 고양이를 좋아한다.

我喜欢猫。

[**Wǒ xǐhuan māo.**]

我喜欢猫。

[ ]

▌나는 고양이를 좋아하지 않는다.

我不喜欢猫。

[**Wǒ bù xǐhuan māo.**]

我不喜欢猫。

[ ]

▌나는 개를 좋아한다.

我喜欢狗。

[**Wǒ xǐhuan gǒu.**]

我喜欢狗。

[ ]

▎나는 개를 좋아하지 않는다.

我不喜欢狗。

[**Wǒ bù xǐhuan gǒu.**]

我不喜欢狗。

[ ]

▎나는 여름을 좋아한다.

我喜欢夏天。

[**Wǒ xǐhuan xiàtiān.**]

我喜欢夏天。

[ ]

▎나는 여름을 좋아하지 않는다.

我不喜欢夏天。

[**Wǒ bù xǐhuan xiàtiān.**]

我不喜欢夏天。

[ ]

▎나는 겨울을 좋아한다.

我喜欢冬天。

[**Wǒ xǐhuan dōngtiān.**]

我喜欢冬天。

[ ]

▎나는 겨울을 좋아하지 않는다.

我不喜欢冬天。

[**Wǒ bù xǐhuan dōngtiān.**]

我不喜欢冬天。

[ ]

나는 바지를 입는다.

我穿裤子。

[Wǒ chuān kùzi.   ]

我穿裤子。

[   ]

나는 바지를 입지 않는다.

我不穿裤子。

[Wǒ bù chuān kùzi.   ]

我不穿裤子。

[   ]

나는 치마를 입는다.

我穿裙子。

[Wǒ chuān qúnzi.   ]

我穿裙子。

[   ]

나는 치마를 입지 않는다.

我不穿裙子。

[Wǒ bù chuān qúnzi.   ]

我不穿裙子。

[   ]

나는 양말을 신는다.

我穿袜子。

[Wǒ chuān wàzi.   ]

我穿袜子。

[   ]

나는 양말을 신지 않는다.

我不穿袜子。

[Wǒ bù chuān wàzi.]

我不穿袜子。

[ ]

나는 스웨터를 입는다.

我穿毛衣。

[Wǒ chuān máoyī.]

我穿毛衣。

[ ]

나는 스웨터를 입지 않는다.

我不穿毛衣。

[Wǒ bù chuān máoyī.]

我不穿毛衣。

[ ]

나는 제복을 입는다.

我穿制服。

[Wǒ chuān zhìfú.]

我穿制服。

[ ]

나는 제복을 입지 않는다.

我不穿制服。

[Wǒ bù chuān zhìfú.]

我不穿制服。

[ ]

문장패턴

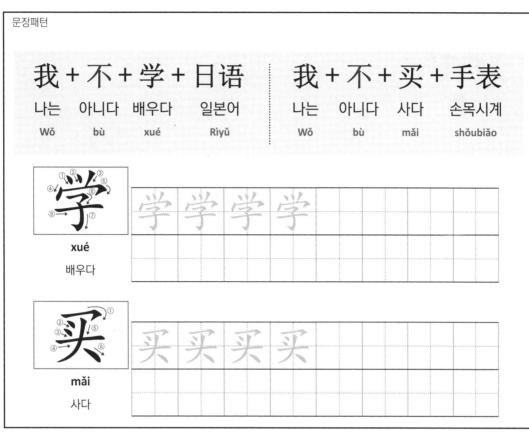

我	+	不	+	学	+	日语	我	+	不	+	买	+	手表
나는		아니다		배우다		일본어	나는		아니다		사다		손목시계
Wǒ		bù		xué		Rìyǔ	Wǒ		bù		mǎi		shǒubiǎo

学
xué
배우다

学 学 学 学

买
mǎi
사다

买 买 买 买

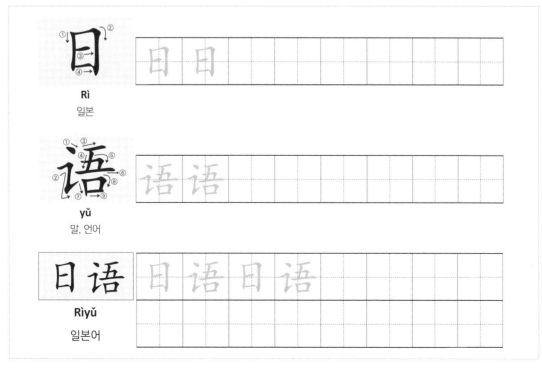

日
Rì
일본

日 日

语
yǔ
말, 언어

语 语

日语
Rìyǔ
일본어

日语 日语

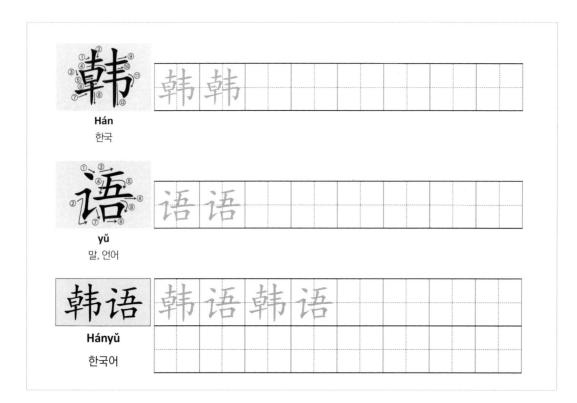

Hán
한국

yǔ
말, 언어

Hányǔ
한국어

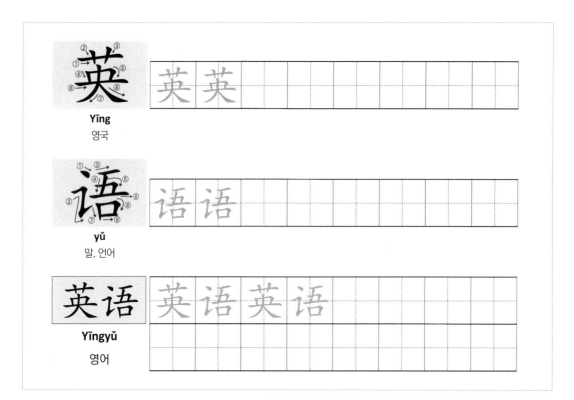

Yīng
영국

yǔ
말, 언어

Yīngyǔ
영어

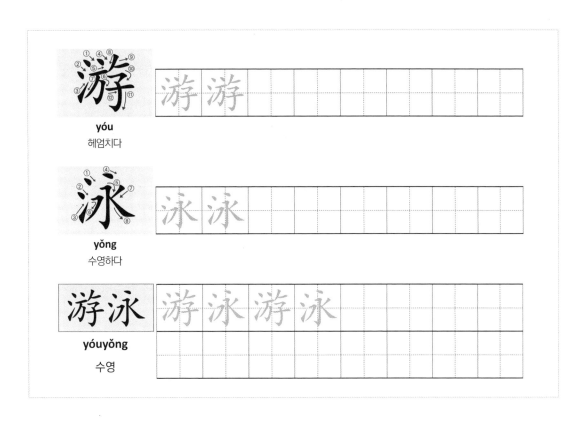

yóu
헤엄치다

yǒng
수영하다

游泳
yóuyǒng
수영

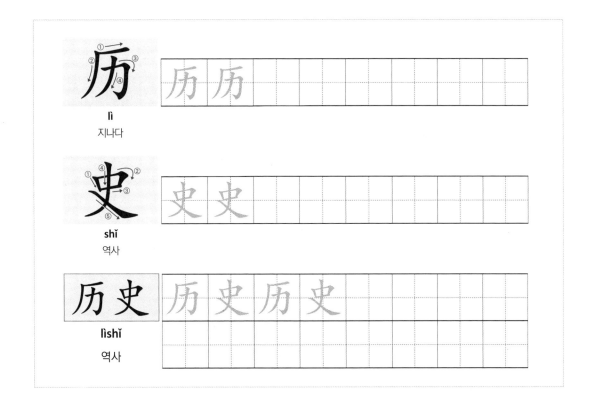

lì
지나다

shǐ
역사

历史
lìshǐ
역사

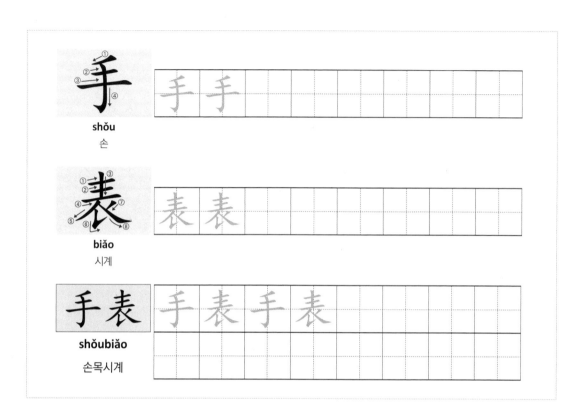

手
shǒu
손

表
biǎo
시계

手表
shǒubiǎo
손목시계

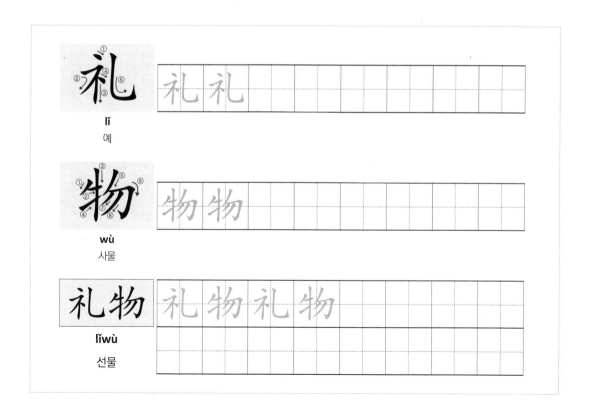

礼
lǐ
예

物
wù
사물

礼物
lǐwù
선물

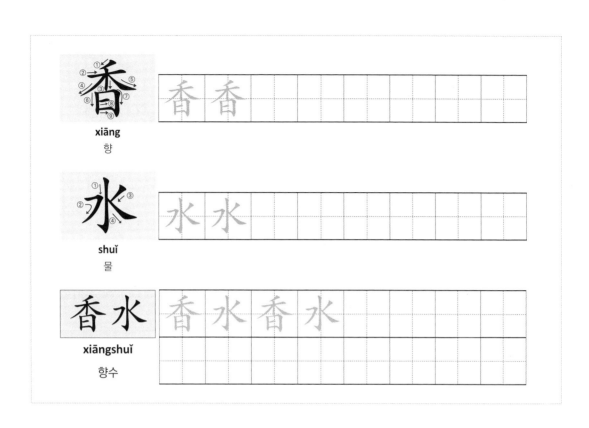

xiāng
향

shuǐ
물

xiāngshuǐ
향수

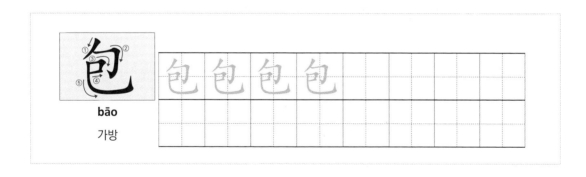

bāo
가방

piào
표

▌나는 일본어를 배운다.

我学日语。

[Wǒ xué Rìyǔ.   ]

我学日语。

[   ]

▌나는 일본어를 배우지 않는다.

我不学日语。

[Wǒ bù xué Rìyǔ.   ]

我不学日语。

[   ]

▌나는 한국어를 배운다.

我学韩语。

[Wǒ xué Hányǔ.   ]

我学韩语。

[   ]

▌나는 한국어를 배우지 않는다.

我不学韩语。

[Wǒ bù xué Hányǔ.   ]

我不学韩语。

[   ]

▌나는 영어를 배운다.

我学英语。

[Wǒ xué Yīngyǔ.   ]

我学英语。

[   ]

나는 영어를 배우지 않는다.

我不学英语。

[**Wǒ bù xué Yīngyǔ.**]

我不学英语。

[ ]

나는 수영을 배운다.

我学游泳。

[**Wǒ xué yóuyǒng.**]

我学游泳。

[ ]

나는 수영을 배우지 않는다.

我不学游泳。

[**Wǒ bù xué yóuyǒng.**]

我不学游泳。

[ ]

나는 역사를 배운다.

我学历史。

[**Wǒ xué lìshǐ.**]

我学历史。

[ ]

나는 역사를 배우지 않는다.

我不学历史。

[**Wǒ bù xué lìshǐ.**]

我不学历史。

[ ]

■ 나는 손목시계를 산다.

我买手表。

[Wǒ mǎi shǒubiǎo.]

我买手表。

[ ]

■ 나는 손목시계를 사지 않는다.

我不买手表。

[Wǒ bù mǎi shǒubiǎo.]

我不买手表。

[ ]

■ 나는 선물을 산다.

我买礼物。

[Wǒ mǎi lǐwù.]

我买礼物。

[ ]

■ 나는 선물을 사지 않는다.

我不买礼物。

[Wǒ bù mǎi lǐwù.]

我不买礼物。

[ ]

■ 나는 향수를 산다.

我买香水。

[Wǒ mǎi xiāngshuǐ.]

我买香水。

[ ]

▌나는 향수를 사지 않는다.

我不买香水。

[Wǒ bù mǎi xiāngshuǐ.]

我不买香水。

[ ]

▌나는 가방을 산다.

我买包。

[Wǒ mǎi bāo.]

我买包。

[ ]

▌나는 가방을 사지 않는다.

我不买包。

[Wǒ bù mǎi bāo.]

我不买包。

[ ]

▌나는 표를 산다.

我买票。

[Wǒ mǎi piào.]

我买票。

[ ]

▌나는 표를 사지 않는다.

我不买票。

[Wǒ bù mǎi piào.]

我不买票。

[ ]

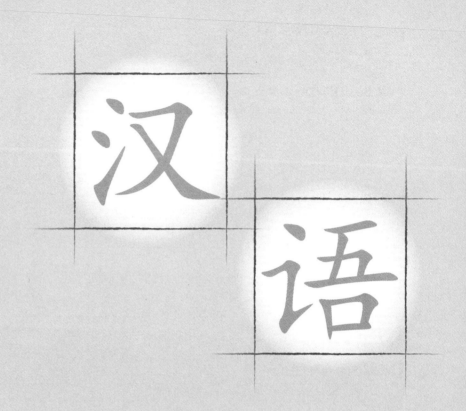

중국어 의문문
연습하기

- 일반 의문문 吗
- 누구 谁
- 무엇 什么
- 언제 什么时候
- 어디 哪儿

30강

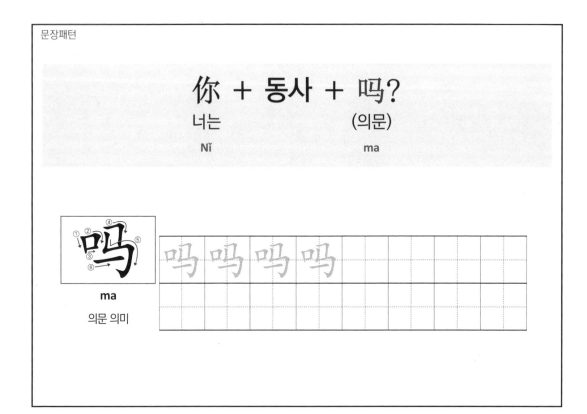

你 + 동사 + 吗?
너는   (의문)
Nǐ   ma

ma
의문 의미

중국어 의문문의 '吗'

중국어 문장 끝에 '吗'를 붙이면 의문의 의미가 됩니다.

예문

你来韩国。 너는 한국에 온다.
Nǐ lái Hánguó.

你来韩国吗? 너는 한국에 오니?
Nǐ lái Hánguó ma?

你去学校。 너는 학교에 간다.
Nǐ qù xuéxiào.

你去学校吗? 너는 학교에 가니?
Nǐ qù xuéxiào ma?

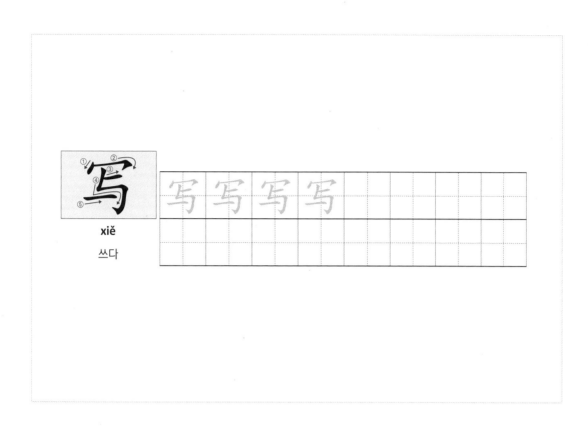

写
xiě
쓰다

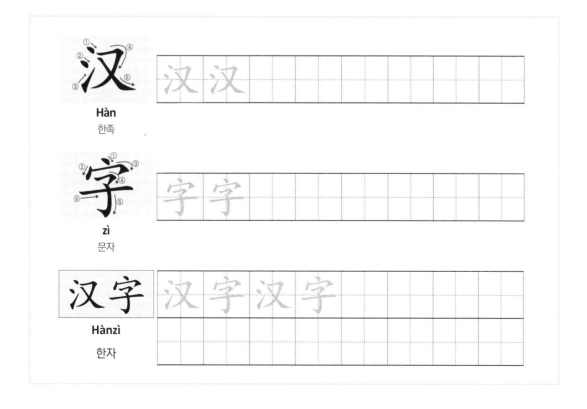

汉
Hàn
한족

字
zì
문자

汉字
Hànzì
한자

■ 너는 한국에 온다.

你来韩国。

[Nǐ lái Hánguó.]

你来韩国。

[ ]

■ 너는 한국에 오니?

你来韩国吗?

[Nǐ lái Hánguó ma?]

你来韩国吗?

[ ]

■ 너는 학교에 간다.

你去学校。

[Nǐ qù xuéxiào.]

你去学校。

[ ]

■ 너는 학교에 가니?

你去学校吗?

[Nǐ qù xuéxiào ma?]

你去学校吗?

[ ]

■ 너는 책을 본다.

你看书。

[Nǐ kàn shū.]

你看书。

[ ]

▌너는 책을 보니?

你看书吗？

[Nǐ kàn shū ma?   ]

你看书吗？

[   ]

▌너는 음악을 듣는다.

你听音乐。

[Nǐ tīng yīnyuè.   ]

你听音乐。

[   ]

▌너는 음악을 듣니?

你听音乐吗？

[Nǐ tīng yīnyuè ma?   ]

你听音乐吗？

[   ]

▌너는 한자를 쓴다.

你写汉字。

[Nǐ xiě Hànzì.   ]

你写汉字。

[   ]

▌너는 한자를 쓰니?

你写汉字吗？

[Nǐ xiě Hànzì ma?   ]

你写汉字吗？

[   ]

너는 아침밥을 먹는다.

你吃早饭。

[Nǐ chī zǎofàn.]

你吃早饭。

[ ]

너는 아침밥을 먹니?

你吃早饭吗?

[Nǐ chī zǎofàn ma?]

你吃早饭吗?

[ ]

너는 차를 마신다.

你喝茶。

[Nǐ hē chá.]

你喝茶。

[ ]

너는 차를 마시니?

你喝茶吗?

[Nǐ hē chá ma?]

你喝茶吗?

[ ]

너는 바지를 입는다.

你穿裤子。

[Nǐ chuān kùzi.]

你穿裤子。

[ ]

너는 바지를 입니?

你穿裤子吗?

[Nǐ chuān kùzi ma?]

你穿裤子吗?

[ ]

너는 중국어를 배운다.

你学汉语。

[Nǐ xué Hànyǔ.]

你学汉语。

[ ]

너는 중국어를 배우니?

你学汉语吗?

[Nǐ xué Hànyǔ ma?]

你学汉语吗?

[ ]

너는 향수를 산다.

你买香水。

[Nǐ mǎi xiāngshuǐ.]

你买香水。

[ ]

너는 향수를 사니?

你买香水吗?

[Nǐ mǎi xiāngshuǐ ma?]

你买香水吗?

[ ]

문장패턴

你 + 是 + 学生 + 吗?
너는　~이다　학생　(의문)
Nǐ　shì　xuésheng　ma

shì
~이다

是　是　是　是

学生 xuésheng	학생	老师 lǎoshī	선생님
医生 yīshēng	의사	护士 hùshi	간호사
画家 huàjiā	화가	雨伞 yǔsǎn	우산
桌子 zhuōzi	탁자	本子 běnzi	공책
词典 cídiǎn	사전	画儿 huàr	그림

너는 학생이니?

你是学生吗?

[Nǐ shì xuésheng ma?]

你是学生吗?

[ ]

나는 학생이다.

我是学生。

[Wǒ shì xuésheng.]

我是学生。

[ ]

너는 선생님이니?

你是老师吗?

[Nǐ shì lǎoshī ma?]

你是老师吗?

[ ]

나는 선생님이 아니다.

我不是老师。

[Wǒ bú shì lǎoshī.]

我不是老师。

[ ]

너는 의사이니?

你是医生吗?

[Nǐ shì yīshēng ma?]

你是医生吗?

[ ]

나는 의사이다.

我是医生。

[Wǒ shì yīshēng.]

我是医生。

[ ]

그는 간호사이니?

他是护士吗?

[Tā shì hùshi ma?]

他是护士吗?

[ ]

그는 간호사가 아니다.

他不是护士。

[Tā bú shì hùshi.]

他不是护士。

[ ]

그녀는 화가이니?

她是画家吗?

[Tā shì huàjiā ma?]

她是画家吗?

[ ]

그녀는 화가이다.

她是画家。

[Tā shì huàjiā.]

她是画家。

[ ]

이것은 우산이니?

这是雨伞吗?

[Zhè shì yǔsǎn ma?　　　　　　　　　　　　　　　　　　]

这是雨伞吗?

[　　　　　　　　　　　　　　　　　　　　　　　　　]

이것은 우산이 아니다.

这不是雨伞。

[Zhè bú shì yǔsǎn.　　　　　　　　　　　　　　　　　　]

这不是雨伞。

[　　　　　　　　　　　　　　　　　　　　　　　　　]

이것은 탁자이니?

这是桌子吗?

[Zhè shì zhuōzi ma?　　　　　　　　　　　　　　　　　　]

这是桌子吗?

[　　　　　　　　　　　　　　　　　　　　　　　　　]

이것은 탁자이다.

这是桌子。

[Zhè shì zhuōzi.　　　　　　　　　　　　　　　　　　　]

这是桌子。

[　　　　　　　　　　　　　　　　　　　　　　　　　]

이것은 공책이니?

这是本子吗?

[Zhè shì běnzi ma?　　　　　　　　　　　　　　　　　　]

这是本子吗?

[　　　　　　　　　　　　　　　　　　　　　　　　　]

이것은 공책이 아니다.

这不是本子。

[Zhè bú shì běnzi.]

这不是本子。

[   ]

그것은 사전이니?

那是词典吗?

[Nà shì cídiǎn ma?]

那是词典吗?

[   ]

그것은 사전이다.

那是词典。

[Nà shì cídiǎn.]

那是词典。

[   ]

그것은 그림이니?

那是画儿吗?

[Nà shì huàr ma?]

那是画儿吗?

[   ]

그것은 그림이 아니다.

那不是画儿。

[Nà bú shì huàr.]

那不是画儿。

[   ]

문장패턴

你 + 来 + 日本 + 吗?

너는　　오다　　일본　　(의문)

Nǐ　　lái　　Rìběn　　ma

你 + 去 + 旅游 + 吗?

너는　　가다　　여행　　(의문)

Nǐ　　qù　　lǚyóu　　ma

你 + 在 + 家 + 吗?

너는　~에 있다　집　(의문)

Nǐ　　zài　　jiā　　ma

来 来 来 来 来

lái

오다

去 去 去 去 去

qù

가다

在 在 在 在 在

zài

~에 있다

너는 일본에 오니?

你来日本吗？

[Nǐ lái Rìběn ma?]

你来日本吗？

[ ]

나는 일본에 온다.

我来日本。

[Wǒ lái Rìběn.]

我来日本。

[ ]

너는 영국에 오니?

你来英国吗？

[Nǐ lái Yīngguó ma?]

你来英国吗？

[ ]

나는 영국에 오지 않는다.

我不来英国。

[Wǒ bù lái Yīngguó.]

我不来英国。

[ ]

그는 상하이에 오니?

他来上海吗？

[Tā lái Shànghǎi ma?]

他来上海吗？

[ ]

그는 상하이에 온다.

他来上海。

[**Tā lái Shànghǎi.**]

他来上海。

[ ]

너는 여행 가니?

你去旅游吗?

[**Nǐ qù lǚyóu ma?**]

你去旅游吗?

[ ]

나는 여행 가지 않는다.

我不去旅游。

[**Wǒ bú qù lǚyóu.**]

我不去旅游。

[ ]

너는 병원에 가니?

你去医院吗?

[**Nǐ qù yīyuàn ma?**]

你去医院吗?

[ ]

나는 병원에 간다.

我去医院。

[**Wǒ qù yīyuàn.**]

我去医院。

[ ]

그녀는 은행에 가니?

她去银行吗?

[Tā qù yínháng ma?   ]

她去银行吗?

[   ]

그녀는 은행에 가지 않는다.

她不去银行。

[Tā bú qù yínháng.   ]

她不去银行。

[   ]

너는 집에 있니?

你在家吗?

[Nǐ zài jiā ma?   ]

你在家吗?

[   ]

나는 집에 있다.

我在家。

[Wǒ zài jiā.   ]

我在家。

[   ]

너는 밖에 있니?

你在外边吗?

[Nǐ zài wàibian ma?   ]

你在外边吗?

[   ]

나는 밖에 있지 않다.

我不在外边。

[**Wǒ bú zài wàibian.**]

我不在外边。

[ ]

그는 회사에 있니?

他在公司吗?

[**Tā zài gōngsī ma?**]

他在公司吗?

[ ]

그는 회사에 있다.

他在公司。

[**Tā zài gōngsī.**]

他在公司。

[ ]

그녀는 공원에 있니?

她在公园吗?

[**Tā zài gōngyuán ma?**]

她在公园吗?

[ ]

그녀는 공원에 있지 않다.

她不在公园。

[**Tā bú zài gōngyuán.**]

她不在公园。

[ ]

문장패턴

你 + 看 + 书 + 吗?
너는   보다   책   (의문)
Nǐ   kàn   shū   ma

你 + 听 + 音乐 + 吗?
너는   듣다   음악   (의문)
Nǐ   tīng   yīnyuè   ma

kàn

보다

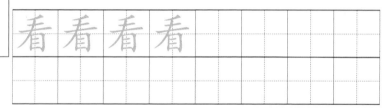

tīng

듣다

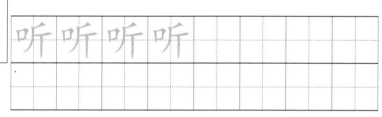

너는 책을 보니?

你看书吗?

[Nǐ kàn shū ma?   ]

你看书吗?

[   ]

나는 책을 본다.

我看书。

[Wǒ kàn shū.   ]

我看书。

[   ]

너는 신문을 보니?

你看报纸吗?

[Nǐ kàn bàozhǐ ma?   ]

你看报纸吗?

[   ]

나는 신문을 보지 않는다.

我不看报纸。

[Wǒ bú kàn bàozhǐ.   ]

我不看报纸。

[   ]

너는 영화를 보니?

你看电影吗?

[Nǐ kàn diànyǐng ma?   ]

你看电影吗?

[   ]

| 나는 영화를 본다.

我看电影。

[Wǒ kàn diànyǐng.]

我看电影。

[ ]

| 너는 텔레비전을 보니?

你看电视吗?

[Nǐ kàn diànshì ma?]

你看电视吗?

[ ]

| 나는 텔레비전을 보지 않는다.

我不看电视。

[Wǒ bú kàn diànshì.]

我不看电视。

[ ]

| 그는 드라마를 보니?

他看电视剧吗?

[Tā kàn diànshìjù ma?]

他看电视剧吗?

[ ]

| 그는 드라마를 본다.

他看电视剧。

[Tā kàn diànshìjù.]

他看电视剧。

[ ]

그녀는 잡지를 보니?

她看杂志吗?

[Tā kàn zázhì ma?   ]

她看杂志吗?

[   ]

그녀는 잡지를 보지 않는다.

她不看杂志。

[Tā bú kàn zázhì.   ]

她不看杂志。

[   ]

너는 음악을 듣니?

你听音乐吗?

[Nǐ tīng yīnyuè ma?   ]

你听音乐吗?

[   ]

나는 음악을 듣는다.

我听音乐。

[Wǒ tīng yīnyuè.   ]

我听音乐。

[   ]

너는 외국 음악을 듣니?

你听外国音乐吗?

[Nǐ tīng wàiguó yīnyuè ma?   ]

你听外国音乐吗?

[   ]

나는 외국 음악을 듣지 않는다.

我不听外国音乐。

[Wǒ bù tīng wàiguó yīnyuè.   ]

我不听外国音乐。

[   ]

그는 수업을 듣니?

他听课吗?

[Tā tīng kè ma?   ]

他听课吗?

[   ]

그는 수업을 듣는다.

他听课。

[Tā tīng kè.   ]

他听课。

[   ]

그녀는 수학 수업을 듣니?

她听数学课吗?

[Tā tīng shùxué kè ma?   ]

她听数学课吗?

[   ]

그녀는 수학 수업을 듣지 않는다.

她不听数学课。

[Tā bù tīng shùxué kè.   ]

她不听数学课。

[   ]

문장패턴

你 + 有 + 男朋友 + 吗?
너는　　있다　　남자 친구　　(의문)
Nǐ　　yǒu　　nánpéngyou　　ma

你 + 喜欢 + 猫 + 吗?
너는　　좋아하다　　고양이　　(의문)
Nǐ　　xǐhuan　　māo　　ma

有
yǒu
있다

喜欢
xǐhuan
좋아하다

熊 xióng 곰

猫 māo 고양이

熊猫 xióngmāo 판다

冰 bīng 얼음

淇 qí

淋 lín

冰淇淋 bīngqílín 아이스크림

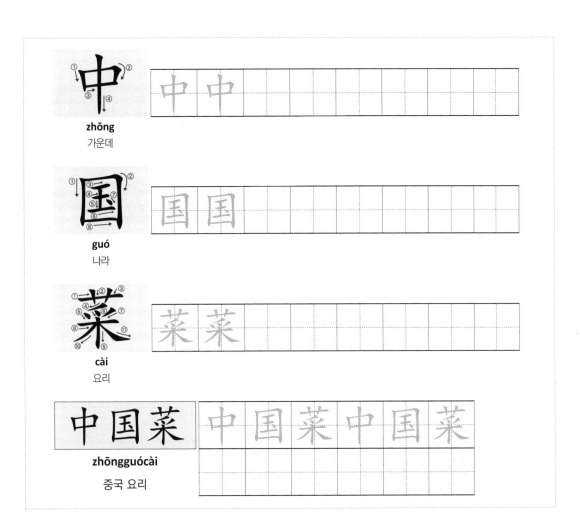

中 zhōng 가운데

国 guó 나라

菜 cài 요리

中国菜 zhōngguócài 중국 요리

너는 남자 친구가 있니?

你有男朋友吗?

[Nǐ yǒu nánpéngyou ma?]

你有男朋友吗?

[ ]

나는 남자 친구가 있다.

我有男朋友。

[Wǒ yǒu nánpéngyou.]

我有男朋友。

[ ]

너는 여자 친구가 있니?

你有女朋友吗?

[Nǐ yǒu nǚpéngyou ma?]

你有女朋友吗?

[ ]

나는 여자 친구가 없다.

我没有女朋友。

[Wǒ méiyǒu nǚpéngyou.]

我没有女朋友。

[ ]

너는 돈이 있니?

你有钱吗?

[Nǐ yǒu qián ma?]

你有钱吗?

[ ]

나는 돈이 있다.

我有钱。

[Wǒ yǒu qián.   ]

我有钱。

[   ]

그는 아들이 있니?

他有儿子吗?

[Tā yǒu érzi ma?   ]

他有儿子吗?

[   ]

그는 아들이 없다.

他没有儿子。

[Tā méiyǒu érzi.   ]

他没有儿子。

[   ]

그녀는 딸이 있니?

她有女儿吗?

[Tā yǒu nǚ'ér ma?   ]

她有女儿吗?

[   ]

그녀는 딸이 있다.

她有女儿。

[Tā yǒu nǚ'ér.   ]

她有女儿。

[   ]

너는 고양이를 좋아하니?

你喜欢猫吗?

[Nǐ xǐhuan māo ma?]

你喜欢猫吗?

[ ]

나는 고양이를 좋아한다.

我喜欢猫。

[Wǒ xǐhuan māo.]

我喜欢猫。

[ ]

너는 개를 좋아하니?

你喜欢狗吗?

[Nǐ xǐhuan gǒu ma?]

你喜欢狗吗?

[ ]

나는 개를 좋아하지 않는다.

我不喜欢狗。

[Wǒ bù xǐhuan gǒu.]

我不喜欢狗。

[ ]

너는 판다를 좋아하니?

你喜欢熊猫吗?

[Nǐ xǐhuan xióngmāo ma?]

你喜欢熊猫吗?

[ ]

나는 판다를 좋아한다.

我喜欢熊猫。

[Wǒ xǐhuan xióngmāo.]

我喜欢熊猫。

[ ]

그는 아이스크림을 좋아하니?

他喜欢冰淇淋吗？

[Tā xǐhuan bīngqílín ma?]

他喜欢冰淇淋吗？

[ ]

그는 아이스크림을 좋아하지 않는다.

他不喜欢冰淇淋。

[Tā bù xǐhuan bīngqílín.]

他不喜欢冰淇淋。

[ ]

그녀는 중국 요리를 좋아하니?

她喜欢中国菜吗？

[Tā xǐhuan zhōngguócài ma?]

她喜欢中国菜吗？

[ ]

그녀는 중국 요리를 좋아한다.

她喜欢中国菜。

[Tā xǐhuan zhōngguócài.]

她喜欢中国菜。

[ ]

문장패턴

你＋吃＋早饭＋吗?
너는　먹다　아침밥　(의문)
Nǐ　chī　zǎofàn　ma

你＋喝＋牛奶＋吗?
너는　마시다　우유　(의문)
Nǐ　hē　niúnǎi　ma

chī
먹다

hē
마시다

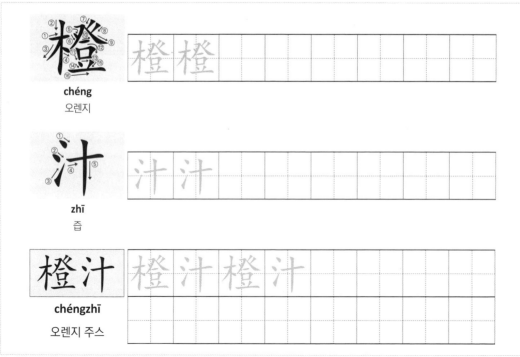

chéng
오렌지

zhī
즙

chéngzhī
오렌지 주스

▌너는 아침밥을 먹니?

你吃早饭吗?

[Nǐ chī zǎofàn ma?   ]

你吃早饭吗?

[   ]

▌나는 아침밥을 먹는다.

我吃早饭。

[Wǒ chī zǎofàn.   ]

我吃早饭。

[   ]

▌너는 과일을 먹니?

你吃水果吗?

[Nǐ chī shuǐguǒ ma?   ]

你吃水果吗?

[   ]

▌나는 과일을 먹지 않는다.

我不吃水果。

[Wǒ bù chī shuǐguǒ.   ]

我不吃水果。

[   ]

▌너는 빵을 먹니?

你吃面包吗?

[Nǐ chī miànbāo ma?   ]

你吃面包吗?

[   ]

나는 빵을 먹는다.

我吃面包。

[Wǒ chī miànbāo.]

我吃面包。

[ ]

그는 초콜릿을 먹니?

他吃巧克力吗?

[Tā chī qiǎokèlì ma?]

他吃巧克力吗?

[ ]

그는 초콜릿을 먹지 않는다.

他不吃巧克力。

[Tā bù chī qiǎokèlì.]

他不吃巧克力。

[ ]

그녀는 월병을 먹니?

她吃月饼吗?

[Tā chī yuèbing ma?]

她吃月饼吗?

[ ]

그녀는 월병을 먹는다.

她吃月饼。

[Tā chī yuèbing.]

她吃月饼。

[ ]

너는 우유를 마시니?

你喝牛奶吗?

[Nǐ hē niúnǎi ma?]

你喝牛奶吗?

[ ]

나는 우유를 마시지 않는다.

我不喝牛奶。

[Wǒ bù hē niúnǎi.]

我不喝牛奶。

[ ]

너는 커피를 마시니?

你喝咖啡吗?

[Nǐ hē kāfēi ma?]

你喝咖啡吗?

[ ]

나는 커피를 마신다.

我喝咖啡。

[Wǒ hē kāfēi.]

我喝咖啡。

[ ]

너는 오렌지 주스를 마시니?

你喝橙汁吗?

[Nǐ hē chéngzhī ma?]

你喝橙汁吗?

[ ]

▌나는 오렌지 주스를 마시지 않는다.

我不喝橙汁。

[Wǒ bù hē chéngzhī.]

我不喝橙汁。

[ ]

▌그는 홍차를 마시니?

他喝红茶吗?

[Tā hē hóngchá ma?]

他喝红茶吗?

[ ]

▌그는 홍차를 마신다.

他喝红茶。

[Tā hē hóngchá.]

他喝红茶。

[ ]

▌그녀는 맥주를 마시니?

她喝啤酒吗?

[Tā hē píjiǔ ma?]

她喝啤酒吗?

[ ]

▌그녀는 맥주를 마시지 않는다.

她不喝啤酒。

[Tā bù hē píjiǔ.]

她不喝啤酒。

[ ]

문장패턴

你 + 是 + 谁?
너는　　~이다　　누구
Nǐ　　shì　　shéi

谁

shéi

누구

谁 谁 谁 谁

중국어 의문문 '谁'

'谁(shéi)'는 '누구'라는 뜻을 가진 의문대명사로, '누가 ~ ?', 또는 '누구를 ~?'이라는 의미를 나타냅니다.

예문 你是谁?　너는 누구니?

Nǐ shì shéi?

谁是学生?　누가 학생이니?

Shéi shì xuésheng?

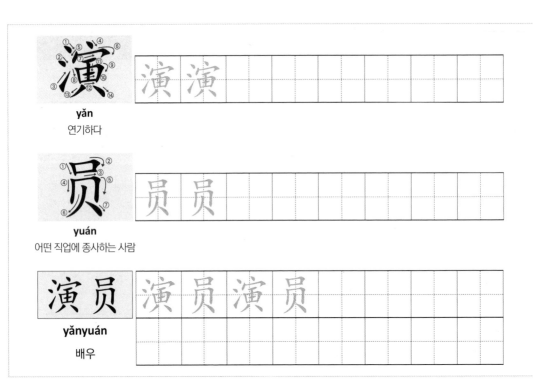

yǎn
연기하다

yuán
어떤 직업에 종사하는 사람

演员
yǎnyuán
배우

yùn
움직이다

dòng
움직이다

yuán
어떤 직업에 종사하는 사람

运动员
yùndòngyuán
운동선수

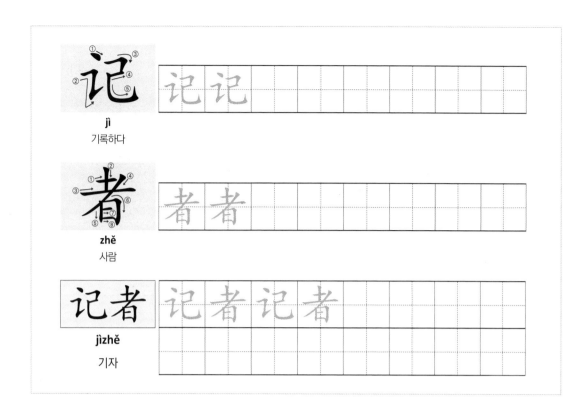

记
jì
기록하다

者
zhě
사람

记者
jìzhě
기자

너는 누구니?

你是谁?

[Nǐ shì shéi?]

你是谁?

[ ]

나는 배우이다.

我是演员。

[Wǒ shì yǎnyuán.]

我是演员。

[ ]

그는 누구니?

他是谁?

[Tā shì shéi?]

他是谁?

[ ]

그는 왕밍이다.

他是王明。

[Tā shì Wáng Míng.]

他是王明。

[ ]

그녀는 누구니?

她是谁?

[Tā shì shéi?]

她是谁?

[ ]

| 그녀는 나의 언니(누나)이다.

她是我姐姐。

[**Tā shì wǒ jiějie.**]

她是我姐姐。

[ ]

| 누가 학생이니?

谁是学生?

[**Shéi shì xuésheng?**]

谁是学生?

[ ]

| 내가 학생이다.

我是学生。

[**Wǒ shì xuésheng.**]

我是学生。

[ ]

| 누가 의사이니?

谁是医生?

[**Shéi shì yīshēng?**]

谁是医生?

[ ]

| 내가 의사이다.

我是医生。

[**Wǒ shì yīshēng.**]

我是医生。

[ ]

┃누가 간호사이니?

谁是护士?

[Shéi shì hùshi?   ]

谁是护士?

[   ]

┃내가 간호사이다.

我是护士。

[Wǒ shì hùshi.   ]

我是护士。

[   ]

┃누가 운동선수이니?

谁是运动员?

[Shéi shì yùndòngyuán?   ]

谁是运动员?

[   ]

┃그가 운동선수이다.

他是运动员。

[Tā shì yùndòngyuán.   ]

他是运动员。

[   ]

┃누가 기자이니?

谁是记者?

[Shéi shì jìzhě?   ]

谁是记者?

[   ]

106

그가 기자이다.

他是记者。

[Tā shì jìzhě.]

他是记者。

[ ]

누가 작가이니?

谁是作家？

[Shéi shì zuòjiā?]

谁是作家？

[ ]

그녀가 작가이다.

她是作家。

[Tā shì zuòjiā.]

她是作家。

[ ]

누가 선생님이니?

谁是老师？

[Shéi shì lǎoshī?]

谁是老师？

[ ]

그녀가 선생님이다.

她是老师。

[Tā shì lǎoshī.]

她是老师。

[ ]

37강

문장패턴

谁 + 来 + 韩国?
누구　　오다　　한국
Shéi　　lái　　Hánguó

shéi

누구

	谁	谁	谁	谁			

韩国	Hánguó	한국	法国	Fǎguó	프랑스
旅游	lǚyóu	여행	学校	xuéxiào	학교
电影	diànyǐng	영화	杂志	zázhì	잡지
汉语	Hànyǔ	중국어	英语	Yīngyǔ	영어
狗	gǒu	개	春天	chūntiān	봄

누가 한국에 오니?

谁来韩国?

[Shéi lái Hánguó?]

谁来韩国?

[ ]

그가 한국에 온다.

他来韩国。

[Tā lái Hánguó.]

他来韩国。

[ ]

누가 프랑스에 오니?

谁来法国?

[Shéi lái Fǎguó?]

谁来法国?

[ ]

내 여동생이 프랑스에 온다.

我妹妹来法国。

[Wǒ mèimei lái Fǎguó.]

我妹妹来法国。

[ ]

누가 중국 여행 가니?

谁去中国旅游?

[Shéi qù Zhōngguó lǚyóu?]

谁去中国旅游?

[ ]

내가 중국 여행 간다.

我去中国旅游。

[Wǒ qù Zhōngguó lǚyóu.]

我去中国旅游。

[ ]

누가 학교에 가니?

谁去学校?

[Shéi qù xuéxiào?]

谁去学校?

[ ]

그녀가 학교에 간다.

她去学校。

[Tā qù xuéxiào.]

她去学校。

[ ]

누가 영화를 보니?

谁看电影?

[Shéi kàn diànyǐng?]

谁看电影?

[ ]

내가 영화를 본다.

我看电影。

[Wǒ kàn diànyǐng.]

我看电影。

[ ]

누가 잡지를 보니?

谁看杂志?

[Shéi kàn zázhì?]

谁看杂志?

[ ]

그가 잡지를 본다.

他看杂志。

[Tā kàn zázhì.]

他看杂志。

[ ]

누가 중국어를 배우니?

谁学汉语?

[Shéi xué Hànyǔ?]

谁学汉语?

[ ]

우리가 중국어를 배운다.

我们学汉语。

[Wǒmen xué Hànyǔ.]

我们学汉语。

[ ]

누가 영어를 배우니?

谁学英语?

[Shéi xué Yīngyǔ?]

谁学英语?

[ ]

그녀가 영어를 배운다.

她学英语。

[Tā xué Yīngyǔ.]

她学英语。

[ ]

누가 개를 좋아하니?

谁喜欢狗?

[Shéi xǐhuan gǒu?]

谁喜欢狗?

[ ]

내 남동생이 개를 좋아한다.

我弟弟喜欢狗。

[Wǒ dìdi xǐhuan gǒu.]

我弟弟喜欢狗。

[ ]

누가 봄을 좋아하니?

谁喜欢春天?

[Shéi xǐhuan chūntiān?]

谁喜欢春天?

[ ]

내가 봄을 좋아한다.

我喜欢春天。

[Wǒ xǐhuan chūntiān.]

我喜欢春天。

[ ]

문장패턴

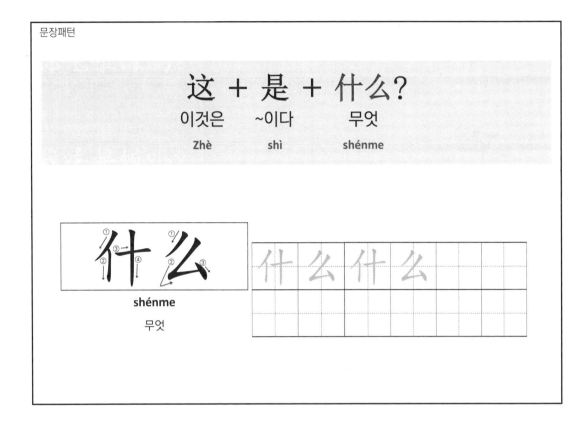

这 + 是 + 什么?
이것은 ~이다 무엇
Zhè shì shénme

什么
shénme
무엇

중국어 의문문 '什么'

'什么(shénme)'는 '무엇'이라는 뜻을 가진 의문대명사로 일반 문장에서 목적어 대신에 '什么'를 쓰면 '무엇을 ~ ?'이라는 의미를 나타냅니다.

예문 这是什么? 이것은 무엇이니?
Zhè shì shénme?
你看什么? 너는 무엇을 보니?
Nǐ kàn shénme?

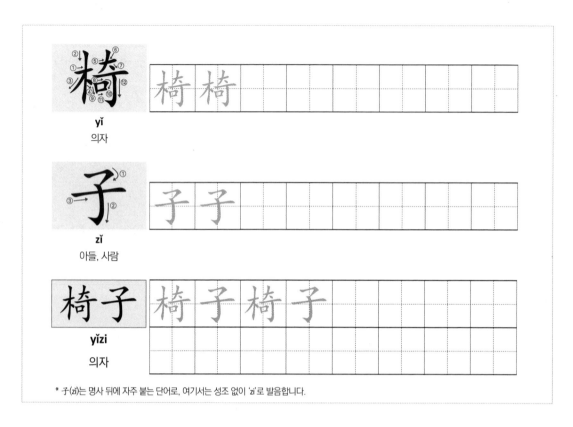

椅 yǐ 의자

子 zǐ 아들, 사람

椅子 yǐzi 의자

* 子(zǐ)는 명사 뒤에 자주 붙는 단어로, 여기서는 성조 없이 'zi'로 발음합니다.

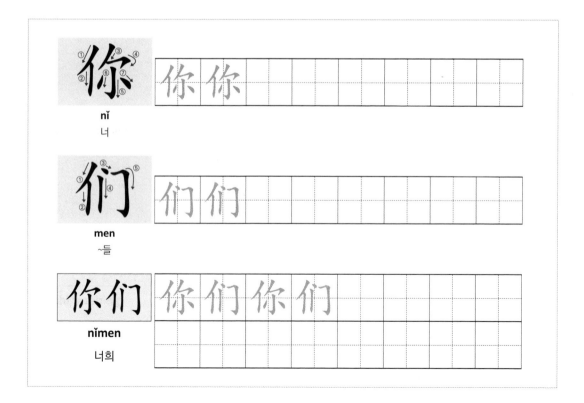

你 nǐ 너

们 men ~들

你们 nǐmen 너희

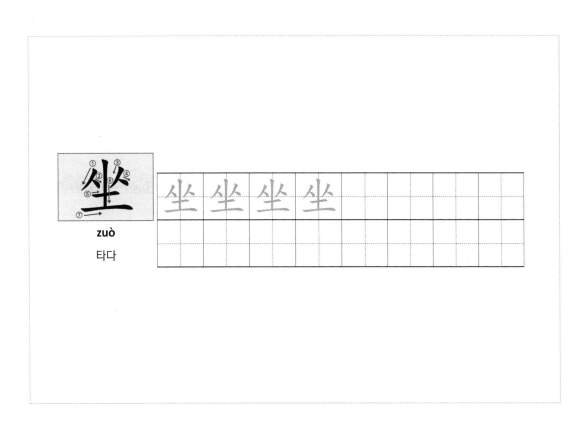

坐
zuò
타다

坐　坐　坐　坐

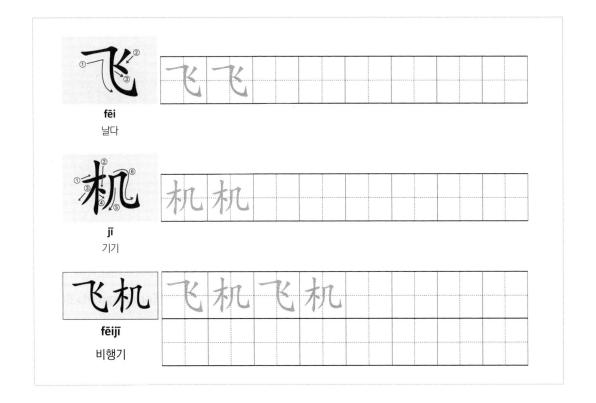

飞
fēi
날다

飞　飞

机
jī
기기

机　机

飞机
fēijī
비행기

飞机　飞机

115

이것은 무엇이니?

这是什么?

[Zhè shì shénme?]

这是什么?

[ ]

이것은 우산이다.

这是雨伞。

[Zhè shì yǔsǎn.]

这是雨伞。

[ ]

그것은 무엇이니?

那是什么?

[Nà shì shénme?]

那是什么?

[ ]

그것은 의자이다.

那是椅子。

[Nà shì yǐzi.]

那是椅子。

[ ]

너는 무엇을 보니?

你看什么?

[Nǐ kàn shénme?]

你看什么?

[ ]

나는 책을 본다.

我看书。

[Wǒ kàn shū.]

我看书。

[ ]

너는 무엇을 듣니?

你听什么？

[Nǐ tīng shénme?]

你听什么？

[ ]

나는 음악을 듣는다.

我听音乐。

[Wǒ tīng yīnyuè.]

我听音乐。

[ ]

그는 무엇을 먹니?

他吃什么？

[Tā chī shénme?]

他吃什么？

[ ]

그는 밥을 먹는다.

他吃饭。

[Tā chī fàn.]

他吃饭。

[ ]

그는 무엇을 마시니?

他喝什么？

[Tā hē shénme?]

他喝什么？

[   ]

그는 콜라를 마신다.

他喝可乐。

[Tā hē kělè.]

他喝可乐。

[   ]

그녀는 무엇을 좋아하니?

她喜欢什么？

[Tā xǐhuan shénme?]

她喜欢什么？

[   ]

그녀는 동물을 좋아한다.

她喜欢动物。

[Tā xǐhuan dòngwù.]

她喜欢动物。

[   ]

그녀는 무엇을 배우니?

她学什么？

[Tā xué shénme?]

她学什么？

[   ]

▎그녀는 중국어를 배운다.

她学汉语。

[Tā xué Hànyǔ.]

她学汉语。

[ ]

▎너희는 무엇을 타니?

你们坐什么?

[Nǐmen zuò shénme?]

你们坐什么?

[ ]

▎우리는 비행기를 탄다.

我们坐飞机。

[Wǒmen zuò fēijī.]

我们坐飞机。

[ ]

▎너희는 무엇을 사니?

你们买什么?

[Nǐmen mǎi shénme?]

你们买什么?

[ ]

▎우리는 선물을 산다.

我们买礼物。

[Wǒmen mǎi lǐwù.]

我们买礼物。

[ ]

문장패턴

你 + 什么时候 + 来 + 韩国?
너는　　　　언제　　　　오다　　　한국
Nǐ　　　shénmeshíhou　　　lái　　　Hánguó

什么时候
shénmeshíhou
언제

什么时候

什么时候

중국어 의문문 '什么时候'

'什么时候(shénmeshíhou)'는 '언제'라는 뜻을 가진 의문대명사입니다. 일반 문장에서 동사 앞부분에 '什么时候'를 쓰면 '언제 ~ ?'라는 의미를 나타냅니다.

예문 你什么时候来韩国? 너는 언제 한국에 오니?
　　　Nǐ shénmeshíhou lái Hánguó?

　　　你什么时候去旅游? 너는 언제 여행 가니?
　　　Nǐ shénmeshíhou qù lǚyóu?

대답할 때에는 동사 앞부분에 시간을 나타내는 단어를 넣습니다.

예문 我今天来韩国。 나는 오늘 한국에 온다.
　　　Wǒ jīntiān lái Hánguó.

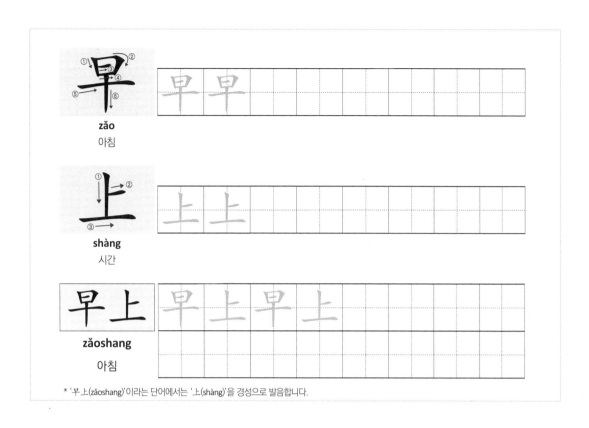

zǎo
아침

shàng
시간

zǎoshang
아침

* '早上(zǎoshang)'이라는 단어에서는 '上(shàng)'을 경성으로 발음합니다.

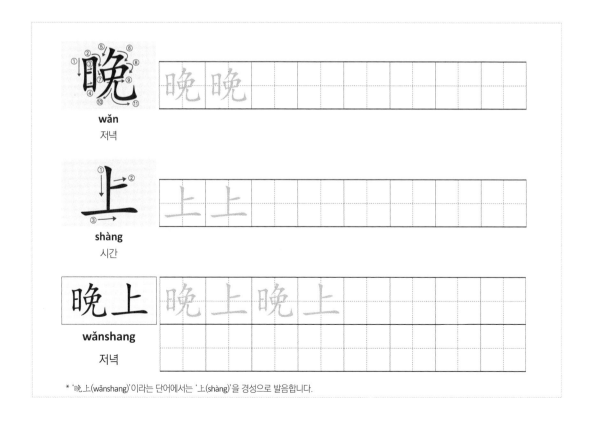

wǎn
저녁

shàng
시간

wǎnshang
저녁

* '晩上(wǎnshang)'이라는 단어에서는 '上(shàng)'을 경성으로 발음합니다.

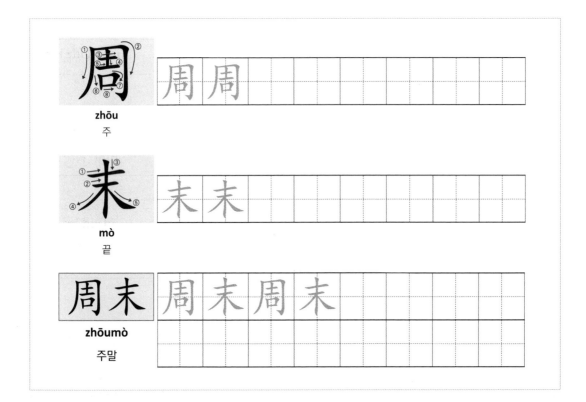

周　周

zhōu
주

末　末

mò
끝

周末　周末　周末

zhōumò
주말

┃ 너는 언제 한국에 오니?

你什么时候来韩国？

[Nǐ shénmeshíhou lái Hánguó?]

你什么时候来韩国？

[ ]

┃ 나는 오늘 한국에 온다.

我今天来韩国。

[Wǒ jīntiān lái Hánguó.]

我今天来韩国。

[ ]

┃ 너는 언제 중국에 오니?

你什么时候来中国？

[Nǐ shénmeshíhou lái Zhōngguó?]

你什么时候来中国？

[ ]

┃ 나는 오늘 중국에 온다.

我今天来中国。

[Wǒ jīntiān lái Zhōngguó.]

我今天来中国。

[ ]

┃ 너는 언제 여행 가니?

你什么时候去旅游？

[Nǐ shénmeshíhou qù lǚyóu?]

你什么时候去旅游？

[ ]

▌나는 내일 여행 간다.

我明天去旅游。

[Wǒ míngtiān qù lǚyóu.]

我明天去旅游。

[ ]

▌너는 언제 도서관에 가니?

你什么时候去图书馆?

[Nǐ shénmeshíhou qù túshūguǎn?]

你什么时候去图书馆?

[ ]

▌나는 내일 도서관에 간다.

我明天去图书馆。

[Wǒ míngtiān qù túshūguǎn.]

我明天去图书馆。

[ ]

▌너는 언제 책을 보니?

你什么时候看书?

[Nǐ shénmeshíhou kàn shū?]

你什么时候看书?

[ ]

▌나는 아침에 책을 본다.

我早上看书。

[Wǒ zǎoshang kàn shū.]

我早上看书。

[ ]

| 너는 언제 신문을 보니?

你什么时候看报纸?

[Nǐ shénmeshíhou kàn bàozhǐ?]

你什么时候看报纸?

[ ]

| 나는 아침에 신문을 본다.

我早上看报纸。

[Wǒ zǎoshang kàn bàozhǐ.]

我早上看报纸。

[ ]

| 너는 언제 음악을 듣니?

你什么时候听音乐?

[Nǐ shénmeshíhou tīng yīnyuè?]

你什么时候听音乐?

[ ]

| 나는 저녁에 음악을 듣는다.

我晚上听音乐。

[Wǒ wǎnshang tīng yīnyuè.]

我晚上听音乐。

[ ]

| 너는 언제 수업을 듣니?

你什么时候听课?

[Nǐ shénmeshíhou tīng kè?]

你什么时候听课?

[ ]

나는 저녁에 수업을 듣는다.

我晚上听课。

[Wǒ wǎnshang tīng kè.]

我晚上听课。

[   ]

너는 언제 중국어를 배우니?

你什么时候学汉语?

[Nǐ shénmeshíhou xué Hànyǔ?]

你什么时候学汉语?

[   ]

나는 월요일에 중국어를 배운다.

我星期一学汉语。

[Wǒ xīngqīyī xué Hànyǔ.]

我星期一学汉语。

[   ]

너는 언제 영어를 배우니?

你什么时候学英语?

[Nǐ shénmeshíhou xué Yīngyǔ?]

你什么时候学英语?

[   ]

나는 주말에 영어를 배운다.

我周末学英语。

[Wǒ zhōumò xué Yīngyǔ.]

我周末学英语。

[   ]

문장패턴

중국어 의문문 '哪儿'

'哪儿(nǎr)'은 '어디'라는 뜻을 가진 의문대명사입니다. '去(가다)'나 '在(~에 있다)' 등의 동사 뒤에 쓰면 '어디 가니?' 또는 '어디 있니?'라는 뜻을 나타냅니다.

예문 你去哪儿? 너는 어디 가니?
　　 Nǐ qù nǎr?
　　 你在哪儿? 너는 어디 있니?
　　 Nǐ zài nǎr?

'在哪儿(어디에서)' 뒤에 동사를 넣으면 '어디에서 ~하니?'라는 뜻의 의문문이 됩니다.

예문 你在哪儿工作? 너는 어디에서 일하니?
　　 Nǐ zài nǎr gōngzuò?

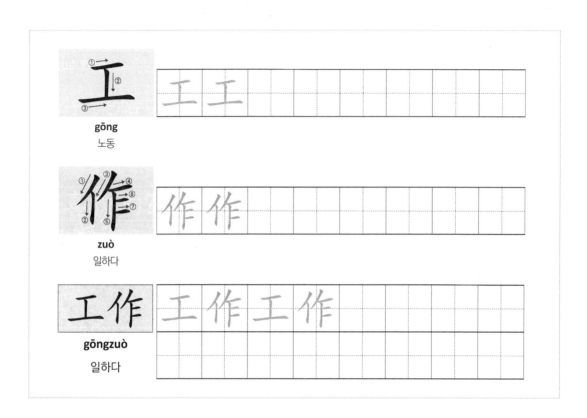

工
gōng
노동

作
zuò
일하다

工作
gōngzuò
일하다

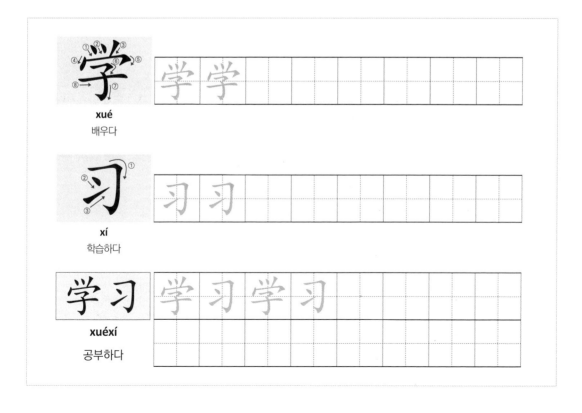

学
xué
배우다

习
xí
학습하다

学习
xuéxí
공부하다

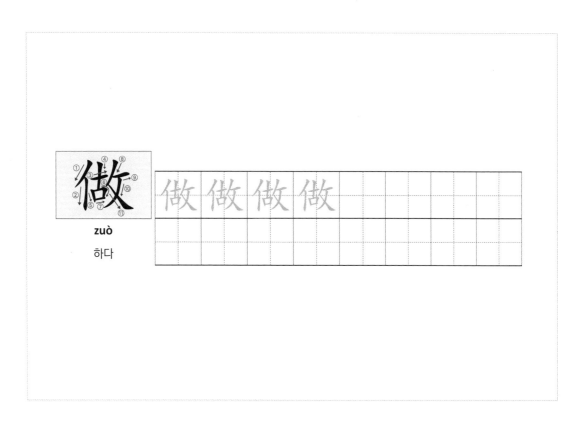

做
zuò
하다

运
yùn
움직이다

动
dòng
움직이다

运动
yùndòng
운동

yùn
움직이다

dòng
움직이다

chǎng
장소

运动场
yùndòngchǎng
운동장

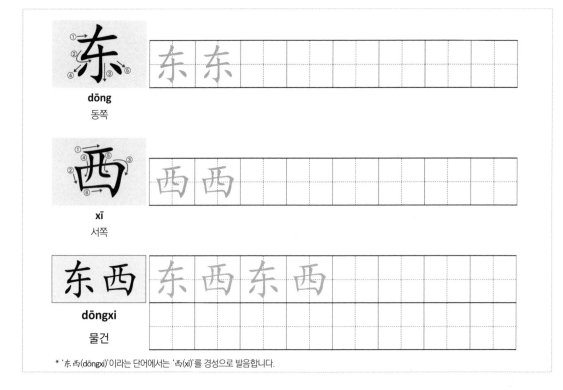

dōng
동쪽

xī
서쪽

东西
dōngxi
물건

* '东西(dōngxi)'이라는 단어에서는 '西(xi)'를 경성으로 발음합니다.

┃ 너는 어디 가니?

你去哪儿?

[Nǐ qù nǎr?]

你去哪儿?

[ ]

┃ 나는 지하철역에 간다.

我去地铁站。

[Wǒ qù dìtiězhàn.]

我去地铁站。

[ ]

┃ 그는 어디 가니?

他去哪儿?

[Tā qù nǎr?]

他去哪儿?

[ ]

┃ 그는 우체국에 간다.

他去邮局。

[Tā qù yóujú.]

他去邮局。

[ ]

┃ 너는 어디 있니?

你在哪儿?

[Nǐ zài nǎr?]

你在哪儿?

[ ]

나는 집에 있다.

我在家。

[Wǒ zài jiā.　　　　　　　　　　　　　　　　　　]

我在家。

[　　　　　　　　　　　　　　　　　　　　　　]

그녀는 어디 있니?

她在哪儿?

[Tā zài nǎr?　　　　　　　　　　　　　　　　　　]

她在哪儿?

[　　　　　　　　　　　　　　　　　　　　　　]

그녀는 회사에 있다.

她在公司。

[Tā zài gōngsī.　　　　　　　　　　　　　　　　　]

她在公司。

[　　　　　　　　　　　　　　　　　　　　　　]

너는 어디에서 일하니?

你在哪儿工作?

[Nǐ zài nǎr gōngzuò?　　　　　　　　　　　　　　]

你在哪儿工作?

[　　　　　　　　　　　　　　　　　　　　　　]

나는 서울에서 일한다.

我在首尔工作。

[Wǒ zài Shǒu'ěr gōngzuò.　　　　　　　　　　　　]

我在首尔工作。

[　　　　　　　　　　　　　　　　　　　　　　]

▌너는 어디에서 중국어를 공부하니?

你在哪儿学习汉语？

[Nǐ zài nǎr xuéxí Hànyǔ?]

你在哪儿学习汉语？

[ ]

▌나는 도서관에서 중국어를 공부한다.

我在图书馆学习汉语。

[Wǒ zài túshūguǎn xuéxí Hànyǔ.]

我在图书馆学习汉语。

[ ]

▌너는 어디에서 아침밥을 먹니?

你在哪儿吃早饭？

[Nǐ zài nǎr chī zǎofàn?]

你在哪儿吃早饭？

[ ]

▌나는 음식점에서 아침밥을 먹는다.

我在餐厅吃早饭。

[Wǒ zài cāntīng chī zǎofàn.]

我在餐厅吃早饭。

[ ]

▌너는 어디에서 운동하니?

你在哪儿做运动？

[Nǐ zài nǎr zuò yùndòng?]

你在哪儿做运动？

[ ]

▌나는 운동장에서 운동한다.

我在运动场做运动。

[Wǒ zài yùndòngchǎng zuò yùndòng.　　　　　　　　　　　　　　　]

我在运动场做运动。

[　　　　　　　　　　　　　　　　　　　　　　　　　　　　　]

▌너는 어디에서 커피를 마시니?

你在哪儿喝咖啡?

[Nǐ zài nǎr hē kāfēi?　　　　　　　　　　　　　　　　　　　]

你在哪儿喝咖啡?

[　　　　　　　　　　　　　　　　　　　　　　　　　　　　　]

▌나는 카페에서 커피를 마신다.

我在咖啡厅喝咖啡。

[Wǒ zài kāfēitīng hē kāfēi.　　　　　　　　　　　　　　　　　]

我在咖啡厅喝咖啡。

[　　　　　　　　　　　　　　　　　　　　　　　　　　　　　]

▌너는 어디에서 물건을 사니?

你在哪儿买东西?

[Nǐ zài nǎr mǎi dōngxi?　　　　　　　　　　　　　　　　　　]

你在哪儿买东西?

[　　　　　　　　　　　　　　　　　　　　　　　　　　　　　]

▌나는 시장에서 물건을 산다.

我在市场买东西。

[Wǒ zài shìchǎng mǎi dōngxi.　　　　　　　　　　　　　　　　]

我在市场买东西。

[　　　　　　　　　　　　　　　　　　　　　　　　　　　　　]